Erich Fromm

Augenblicke der Freiheit

Erich Fromm

Augenblicke der Freiheit

Herausgegeben und eingeleitet von
Rainer Funk

HERDER

FREIBURG · BASEL · WIEN

Verlag Herder Freiburg im Breisgau 2003
www.herder.de
Gesamtgestaltung: Hermann Bausch, Freiburg
Satz: Layoutsatz Kendlinger
Herstellung: L.E.G.O. Olivotto S.p.A., Vicenza 2003
Gedruckt auf umweltfreundlichem,
chlorfrei gebleichtem Papier
ISBN 3-451-28170-8

Inhalt

Einleitung

Freiheit ist nichts, was man haben kann. Freiheit ist kein Ding. Freiheit ist vielmehr ein Merkmal unserer Persönlichkeit.“ Diese nüchternen, ja ernüchternden Aussagen Erich Fromms, mitgeteilt in seinem Buch *Von der Kunst des Zuhörens* (GA XII, 292), machen schlaglichtartig deutlich, warum es nur Augenblicke der Freiheit geben kann.

Freiheit ist kein Zustand, den man wie einen Besitz für sich in Anspruch nehmen könnte. Wer glaubt, sich die Freiheit nehmen zu können, will Freiheit haben. In Wirklichkeit gibt es Freiheit nur als einen Akt der Selbstbefreiung, als je neu vollzogene Befreiung von äußeren Bevormundungen, Notwendigkeiten und Sachzwängen, sowie von inneren Wünschen, Illusionen und Fixierungen.

Wo immer sich jemand befreit erfährt, wird für ihn spürbar, dass es Freiheit gibt und dass er frei ist. Doch dieses Erleben von Freiheit ist vergänglich. Es lässt sich nicht festhalten, es sei denn ein neuer Akt der Selbstbefreiung führt zu einem neuen Erleben von Freiheit. „Freiheit ist immer eine Frage von wachsender Freiheit oder sich reduzierender Freiheit", sagt deshalb Fromm (an der bereits erwähnten Stelle).

Frei sein kann man nur, wenn man unterwegs ist und Wege der äußeren und inneren Befreiung beschreitet. Freiheit wird deshalb erlebbar, wenn man falsche Wege, Leidenswege und Lebenslügen erkennt und sich anschickt, von ihnen frei werden zu wollen.

Besondere Aufmerksamkeit ist geboten, wo Scheidewege sichtbar werden und man umkehren, Abschied nehmen, trauern, bereuen, sich entscheiden und neu geboren werden muss. Freiheit „als Merkmal unserer Persönlichkeit" hat schließlich mit der Befreiung unserer menschlichen Antriebskräfte zu tun: mit dem Praktischwerden unserer Liebe zum Leben, mit dem Freiwerden von irrationalen Leidenschaften und dem Freiwerden für einen liebenden und vernünftigen Umgang mit unserer menschlichen und natürlichen Umwelt.

Wege der Befreiung können ziemlich schmerzlich sein und Angst machen, und zwar gerade dann, wenn es um das Freiwerden von Illusionen, Wunschbildern und Leidenschaften wie irrationalem Hass, Neid, Zerstörungswut usw. geht.

Und noch etwas verdeutlichen die hier versammelten Anstöße zu „Augenblicken der Freiheit“: Erich Fromm wurde nicht müde, darauf hinzuweisen, dass die Frage der Freiheit nicht reduzierbar ist auf das Geistige oder das Seelische oder das Politische und Gesellschaftliche. „Der Mensch kann in seinem Denken nicht frei sein, wenn er nicht auch emotional frei ist; und er kann emotional nicht frei sein, wenn er in seiner Lebenspraxis, in seinen ökonomischen und sozialen Beziehungen abhängig und unfrei ist" (*Wege aus einer kranken Gesellschaft*, GA IV, 191f).

Wie kaum ein anderer in diesem Jahrhundert, hat Erich Fromm mit seiner „Wissenschaft vom Menschen" das neuzeitliche Freiheitsdenken mit den Botschaften der religiösen Traditionen des Wegs, der Halacha, des Tao, der ethischen Tugendlehren, des buddhistischen achtfachen Wegs, der Nachfolge Jesu verbunden und in unsere Zeit übersetzt. Inwieweit seine Worte zu Augenblicken der Freiheit werden können, hängt freilich davon ab, ob sie die Sehnsucht nach Befreiung im Einzelnen anstoßen und eine desillusionierende Wirkung entfalten können.

Erich Fromm wird nicht müde zu zeigen, wie schwierig es für den Menschen von heute geworden ist, noch Augenblicke der Freiheit zu erleben. Immer mehr interessiert uns nur noch das „Know how", die Perfektion des Verstands, des Intellekts, der Intelligenz, der instrumentellen Vernunft; es geht um das Machen und Herstellen, um die rationelle Produktion, um das Wissen, wie etwas funktioniert; um das, was der Mensch braucht und was er tun muss, um effizient zu sein und ergebnisorientiert ein Ziel zu erreichen. Welches Ziel er anstrebt und warum ein Ziel erstrebenswert ist, wohin wir gehen und welchen Sinn wir suchen, um welche Art von Erleben wir uns bemühen – all dies sind Fragen, die „uninteressant" sind, weil sie nicht rezepthaft angewandt und konsumiert werden können. Und es geht immer mehr um die Inszenierung von illusionären Wirklichkeiten und Lebenswelten, die suggerieren, einen aus einer bedrohlichen und enttäuschenden Welt befreien zu können.

Die hier ausgewählten Worte Erich Fromms zeichnen Wege der Befreiung nach, die jene erfahren, die sich von Illusionen und Irrwegen frei zu machen versuchen und ihre eigenen Kräfte der Vernunft und Liebe praktizieren. Sie reichen von der Wahrnehmung der gegenwärtigen Leidenswege des Menschen über das Gewahrwerden unserer Entfremdung und knechtenden Leidenschaften über die Widerstände gegen die Entdeckung und Ent-Fesselung unserer ureigensten Kräfte bis hin zu den versöhnenden Erfahrungen liebender Bezogenheit, vernünftiger Wirklichkeitswahrnehmung und kreativen Tätigseins.

„Dass jemand zu wachsen beginnt, ist der Tatsache zuzuschreiben, dass er sich befreit", sagt Erich Fromm in *Von der Kunst des Zuhörens* (GA XII, 284). Wege zu Augenblicken der Freiheit sind deshalb Wege zur Erfahrung des eigenen, auf Entfaltung drängenden Menschseins.

Rainer Funk

1

Falsche Wege

Wir fahren anscheinend „nirgendwohin“

Wir sind wie ein Mensch, der Auto fährt
und die schwache Ahnung hat,
dass er den Weg verloren hat …
Wir fahren anscheinend „nirgendwohin“
mit immer höherer Geschwindigkeit.

DER GEISTIGE ZUSTAND AMERIKAS, GA XI, 393

Orientierungslosigkeit

Wir sind wie ein Mensch, der Auto fährt und die schwache Ahnung hat, dass er den Weg verloren hat. Statt nun anzuhalten und seine Situation zu orten, um herauszufinden, ob die eingeschlagene Richtung stimmt, fährt er nur noch schneller und jagt seinen Motor hoch, um noch höhere Geschwindigkeiten aus ihm herauszuholen. Wir fahren anscheinend „nirgendwohin" mit immer schnellerer Geschwindigkeit. Dieses „Nirgendwohin" kann in Wirklichkeit die Selbstzerstörung der menschlichen Rasse bedeuten. Wir erfinden immer wirksamere Waffen, um zu zerstören, und nehmen nicht wahr, dass wir den Weg unserer eigenen „Auslöschung" eingeschlagen haben.

DER GEISTIGE ZUSTAND AMERIKAS, GA XI, 393

Die meisten Menschen geben vor und glauben selbst daran, dass sie glücklich sind, denn wenn man unglücklich ist, ist man ein Misserfolg. Man muss deshalb die Maske des Zufriedenseins, des Glücklichseins tragen, sonst verliert man den Kredit auf dem Markt, ist man kein normaler Mensch, ist man nicht tüchtig. Doch man muss sich die Menschen nur anschauen, was hinter der Maske zum Vorschein kommt: Unruhe, Gereiztheit, Ärger, Depressionen, Schlaflosigkeit, Unglücklichsein – das, was die Franzosen die „Malaise“ genannt haben.

INTERVIEW LODEMANN 1977

Es gilt, unser Augenmerk auf die Tatsache zu lenken, dass uns die Frage nach Mitteln und Wegen mehr beschäftigt als die nach dem Sinn. Wir fragen uns nicht, wohin wir gehen, solange wir nicht den Weg gefunden haben, wie wir „dorthin“ gelangen.

DER GEISTIGE ZUSTAND AMERIKAS, GA XI, 393

Wir haben keinen Kontakt mehr zur Wirklichkeit außer über die vom Menschen hergestellte Realität des Geschäftemachens und der Organisation von Dingen, die wir manipulieren können. Wir stehen nur noch mit Artefakten und mit gesellschaftlicher Routine im Kontakt. Wir beziehen uns nur noch auf das, was noch mehr Dinge hervorbringt, doch wir sind nicht mehr mit den grundlegenden Realitäten der menschlichen Existenz in Berührung. Wir haben keine Verbindung mehr zu unseren Gefühlen, mit dem, was wir wirklich fühlen: mit unseren Glücksgefühlen, Unglücksgefühlen, unserer Angst, unserem Zweifel und all dem, was im Menschen vor sich geht. Wir haben den Kontakt zu unseren Mitmenschen und zur Natur verloren und stehen nur noch mit jenem kleinen Ausschnitt der Welt in Verbindung, den wir selbst hervorbrachten. In Wirklichkeit ängstigen wir uns sehr, etwas Tiefgreifendes zu berühren.

PATHOLOGIE DER NORMALITÄT, GA XI, 246

Heute leiden viele Menschen an sich selbst. Bei ihnen ist äußerlich alles in Ordnung: Sie haben alles, aber sie leiden an sich selbst. Sie wissen nicht, was sie mit sich anfangen sollen, sie leiden daran; es ist ihnen eine Last und eine Aufgabe, die sie nicht lösen können. Sie können Kreuzworträtsel lösen, aber sie können nicht das Rätsel lösen, das das Leben jedem vorlegt.

KUNST DES ZUHÖRENS, GA XII, 277

Pathologische Normalität

Sagt man dem durchschnittlichen Bürger von heute, dass eine der schmerzvollsten, wenn nicht die schmerzvollste psychische Erkrankung die Abwesenheit von Gefühlen ist, dann wird es viele geben, die dies einfach nicht verstehen werden. Im Gegenteil, viele werden sagen: „Dies ist doch wunderbar. Es ist doch ganz ausgezeichnet, wenn ich nichts fühle. Was zum Teufel muss ich denn auch fühlen? Ich möchte meine Ruhe haben und keinen Ärger!" Sie kennen das beinahe unerträgliche Erleben eines völlig anderen Geisteszustands nicht, in dem man gar nichts mehr fühlen kann.

PATHOLOGIE DER NORMALITÄT, GA XI, 236

Der Mensch von heute hat die Möglichkeit, ein Ich-Gefühl zu entwickeln, doch setzt dies voraus, dass er seine eigene Kreativität und Produktivität entwickelt hat, dass er er selbst sein können muss, dass er sich selbst als das Zentrum und Subjekt seiner eigenen Handlungen erlebt. Sonst bleibt ihm nur ein Ausweg: der Konformismus. Er muss mit den anderen konform gehen. Er erlebt sich dabei nur solange als Ich, als er sich von seinem Nachbarn nicht unterscheidet. Entfernt er sich von diesem nur ein wenig, kommt bereits Angst auf, weil sich sofort sein Identitätsproblem – „Wer bin ich?" – meldet. Solange er sich gänzlich konform verhält, braucht er sich nicht zu fragen,

„Wer bin ich?“, weil zweifelsfrei gilt: „Ich bin wie der Rest von uns.“

BEDÜRFNISSE UND GESELLSCHAFT, GA XII, 136

Das Ziel der heutigen Gesellschaft ist nicht die Verwirklichung des Menschen. Das Ziel der heutigen Gesellschaft ist der Profit des investierten Kapitals. Profit meine ich hier nicht im Sinne der Gier, sondern im Sinne der maximalen Wirtschaftlichkeit des ökonomischen Systems. Der Profit ist nicht – wie in alten Zeiten vielleicht – ein Ausdruck gieriger Menschen, die möglichst viel verdienen; auch dies gibt es, und zwar gar nicht so selten, aber dies ist nicht das Wesentliche. Das Wesentliche ist, dass der Profit ein Ausweis ist, dass möglichst rational und richtig gewirtschaftet worden ist. Der Manager, der einen Profit bringt, zeigt damit, dass er rational gewirtschaftet hat. Je höher der Profit ist, umso besser, umso richtiger, umso rationaler hat er gewirtschaftet.

INTERVIEW FERRARI 1980

Als ich zur Schule ging, lernte ich den lateinischen Satz: *Mens sana in corpore sano*, also dass ein gesunder Geist in einem gesunden Körper ist.

Das ist höchstens die Hälfte der Wahrheit, denn es kommt oft vor, dass ein nicht gesunder Geist in einem gesunden Körper ist, und ebenso, dass ein gesunder Geist in einem kranken Körper ist.

Es wäre meiner Überzeugung nach viel korrekter zu sagen: *Mens sana in societate sana*, dass also, abgesehen von Ausnahmen, ein gesunder Geist nur in gesunder Gesellschaft sein kann und dass deshalb beim Menschen das Problem der individuellen seelischen Gesundheit einfach nicht von der seelischen Gesundheit der Gesellschaft zu trennen ist.

SEELISCHE GESUNDHEIT, GA XII, 150

Ich glaube, dass heute schon sehr viele Menschen bereit sind, nach einem Weg zu suchen, der den Menschen befriedigt und ihn respektiert.

Viele spüren, dass ein Leben, das dem Erfolg, dem Geld, der Konkurrenz, der Ausbeutung dient, in Wirklichkeit ein Leben ist, das die Menschen unglücklich macht.

INTERVIEW LODEMANN 1977

Haben statt Sein

Jeder Mensch in jeder Gesellschaft muss natürlich etwas haben: Er muss Kleidung haben, so primitiv sie auch sein mag; auch Schmuck zu haben, ist ein ganz elementares Bedürfnis. Gesänge, Melodien, Lieder gehören immer zum gesellschaftlichen Eigentum, aber eben als Eigentum, das funktional und ein Ausdruck des Habens ist.

INTERVIEW REIF 1977

Habenstruktur bedeutet, dass der Mensch gierig ist. Es liegt ja im Wesen des Habenwollens, dass man erstens immer mehr haben will und dass man damit notwendigerweise in Konflikt mit den Interessen aller anderen gerät, sowohl im individuellen Maßstab innerhalb einer Gesellschaft wie im internationalen Maßstab zwischen Nationen. Das Habenwollen und die Gier sind ihrem Wesen nach dadurch gekennzeichnet, dass sie unbegrenzt sind. Physiologische Bedürfnisse sind von der Natur aus begrenzt.

Wir mögen noch so großen Hunger haben, einfachen oder gezüchteten, aber an einem bestimmten Punkt sind wir satt. Das gilt auch für die Sexualität, das gilt auch für alle natürlichen Bedürfnisse. Unsere Industrie aber hat ein System erfunden, um sich zu erhalten, um die nötigen Profite zu erzielen, das immer neue Bedürfnisse schafft. Wenn ich einen Wagen habe, will ich zwei haben, wenn ich einen kleinen Wagen habe, will ich einen großen haben, und wenn ich das schon habe, eine Yacht und dann ein Flugzeug – das nenne ich Gier.

Interview Assal 1977

Das Haben ist die aufgehäufte Arbeit, das Sein ist die menschliche Tätigkeit, und zwar die *menschliche* Tätigkeit. Tätigkeit bedeutet nicht, Steine von hier nach dorthin zu schleppen und dann wieder zurückzuschleppen. Das ist keine Arbeit im menschlichen Sinne. Sein heißt, lebendig zu sein, interessiert zu sein, die Dinge zu sehen, Menschen zu sehen, Menschen zuzuhören, sich in Menschen hineinzuversetzen, sich in sich selbst hineinversetzen, das Leben interessant zu machen, aus dem Leben etwas Schönes zu machen.

INTERVIEW FERRARI 1980

Es kommt einzig darauf an, ob die innere Einstellung sich vom Haben auf das Sein verlagert und bis zu welchem Grade sie dies tut. Wenn das Haben nicht mehr wichtig ist, kommt es auch nicht darauf an, ob einer ein bisschen mehr hat als der andere. Im Gegenteil, sehr häufig sind gerade jene, die darauf drängen, dass alle genau das Gleiche haben, nur versteckte Vertreter einer

Habeneinstellung. In Wirklichkeit werden sie von ihrem Neid motiviert. Sie sind so besessen von der Wichtigkeit des Habens, dass sie sich Gerechtigkeit nur unter der Bedingung vorstellen können, dass keiner mehr hat als der andere. Das sind im Grunde neidische Menschen, die ganz im Habenmodus leben, aber ihren Neid als Gerechtigkeit rationalisieren.

INTERVIEW REIF 1977

Ich glaube, in der modernen Industriegesellschaft hat das Leben keinen Reiz und keine Vision mehr. Wenn das Leben keine Vision hat, nach der man strebt, nach der man sich sehnt, die man verwirklichen möchte, dann gibt es auch kein Motiv, sich anzustrengen, sich anzuspannen, einer Vision nachzuleben. Gibt es keine Vision von etwas Großem, Schönem, Wichtigem, dann reduziert sich die Vitalität, und der Mensch wird lebensschwächer.

INTERVIEW JAENECKE 1980

2

Leidenswege

Wo kein Leben ist

Wo kein Leben ist,
im inneren Sinn von Lebendigsein,
muss das Leben
auch im biologischen Sinn erlöschen.

INTERVIEW JAENECKE 1980

Entfremdung

Jeder Akt einer unterwürfigen Anbetung ist ein Akt der Entfremdung und des Götzendienstes.

WEGE AUS EINER KRANKEN GESELLSCHAFT, GA IV, 89

Psychologisch gesehen lässt sich der Mechanismus der Entfremdung so beschreiben, dass ich ein Erleben, das potentiell in mir ist, auf ein Objekt außerhalb von mir projiziere. Beide Begriffe, Entfremdung wie Götzendienst, bedeuten, dass ich mich meiner selbst beraube, dass ich mich leer mache, gefriere, eine lebendige Erfahrung loswerde, also mein eigenes Denken, mein eigenes Lieben, mein eigenes Fühlen auf eine andere Person oder auf ein Ding außerhalb von mir projiziere, um es dann wieder zurückzuholen, indem ich auf dieses Ding oder diesen Menschen bezogen bin.

Das Objekt wird zur Verkörperung von dem, dessen ich mich entledigt habe. Von da an repräsentiert diese Figur da drüben mich, doch ich bin an sie gebunden und von ihr abhängig. Wenn ich ihr nicht nahe bin, bin ich verloren, denn sie ist sozusagen im Besitz meiner Seele.

DAS UNBEWUSSTE, GA XII, 209

Die Entfremdung des Selbst ist eine der wichtigsten Entfremdungsformen. Sie lässt sich am besten mit der Unterscheidung von Selbst und Ego verdeutlichen, wobei es hier nicht auf die Begriffe „Selbst" und „Ego" ankommt. Beim entfremdeten Selbsterleben nehme ich mein eigenes Selbst als ein Ego wahr. Die meisten Menschen erleben heute ihr Selbst in einer entfremdeten Weise: Sie schauen auf sich, wie wenn sie jemanden „da drüben" wahrnehmen würden.

Dabei geht es nicht um die Frage, ob das Bild, das wir von uns haben, richtig oder falsch ist, sondern darum, dass wir uns selbst nur als ein Warenangebot wahrnehmen. Wir sehen uns nur von außen.

Wenn wir „Ich“ denken, dann erleben wir uns in Wirklichkeit, wie wenn es um eine andere Person ginge und zudem noch so, dass wir dieses Gegenüber auch nur in einer entfremdeten Weise wahrnehmen. Wir erleben uns selbst nur als etwas, das viele Eigenschaften hat. Wir sagen uns dann immer wieder vor: „Immerhin, ich bin intelligent“ oder „ich bin hübsch“ oder „ich bin nett“ oder „ich bin mutig“ usw., doch eigentlich sind dies alles nur Beschreibungen dieses Dinges „da drüben“. Ein solche Ego-Vorstellung ist eine entfremdete Vorstellung des Bildes, das ich von mir als einem Ding habe, mit der ich durch das Leben gehe und mit der ich es im Leben zu etwas bringen möchte.

Beim nicht-entfremdeten Selbsterleben erlebe ich mein Selbst als ein „Ich“ in einem Vorgang, bei dem ich das Subjekt meines Handelns bin. Mit „Handeln“ meine ich hier nicht vorrangig, dass ich dieses oder jenes tue; vielmehr dass ich im Prozess des Seins das Subjekt meines menschlichen Erlebens bin: Ich fühle, ich denke, ich schmecke, ich höre, ich liebe – und es gibt noch viele andere Dinge, die alle zum Bereich meiner menschlichen Fähigkeiten gehören und deren Ausdruck sind. Wenn ich nicht künstlich nachahme, sondern das authentische Subjekt meines Tätigseins bin, erlebe ich mich in der Tat im Augenblick des Tätigseins als den, der da handelt: als Ich – und nicht als ein Ego.

DAS UNBEWUSSTE, GA XII, 216

Narzissmus

Der narzisstische Mensch ist außerstande, sich in einen anderen Menschen hineinzuversetzen, der anders ist als er.

SEELE DES MENSCHEN, GA II, 203

Für den narzisstischen Menschen ist nur er und was ihn betrifft ganz real; was außerhalb ist, was andere anbelangt, erscheint ihm nur oberflächlich für seine Wahrnehmung als real. Anders gesagt: Die Außenwelt ist nur für seine Sinne und für seinen Verstand real, aber nicht in einem tieferen Sinne, für sein Fühlen oder für sein Verstehen. Das, was außerhalb ist, interessiert ihn nur insofern, als es ihn betrifft. Er hat keine Liebe, kein Mitgefühl, kein rationales, objektives Urteil. Der sehr narzisstische Mensch hat eine unsichtbare Mauer um sich erstellt; er ist alles, die Welt ist nichts – oder vielmehr: Er ist die Welt.

VOM HABEN ZUM SEIN, GA XII, 481

Viele Menschen versuchen, ihren Narzissmus zu verstecken, indem sie sich besonders bescheiden und demütig geben. Oder sie verstecken ihren Narzissmus in einer subtileren Weise und beschäftigen sich mit religiösen, okkulten oder politischen Angelegenheiten, die den Anschein erwecken, über die Privatinteressen hinauszugehen.

VOM HABEN ZUM SEIN, GA XII, 481f

Man kann einen narzisstischen Menschen daran erkennen, dass er äußerst empfindlich auf jede Kritik reagiert. Diese Empfindlichkeit kann sich darin äußern, dass er bestreitet, dass die Kritik stichhaltig sei, oder dass er mit Zorn oder Depression darauf reagiert. In vielen Fällen kann sich die narzisstische Orientierung auch hinter einer bescheidenen [...] Haltung verstecken; tatsächlich kommt es häufig vor, dass ein narzisstischer Mensch seine Demut zum Gegenstand seiner Selbst-Bewunderung macht.

SEELE DES MENSCHEN, GA II, 205

Auch die Liebe zwischen Mann und Frau hat oft narzisstische Züge. Ein in eine Frau verliebter Mann kann seinen Narzissmus auf sie übertragen, nachdem sie „die Seine" geworden ist. Er bewundert und verehrt sie oft auf Grund von Eigenschaften, die er auf sie übertragen hat.

SEELE DES MENSCHEN, GA II, 206

Tödliche Langeweile

Langeweile hat mit der Abwesenheit von innerer Lebendigkeit, produktiver Aktivität, genuiner Bezogenheit zur Welt und echtem Interesse an allem, was uns umgibt, zu tun. Am wichtigsten ist dabei wohl die Abwesenheit der Liebe zum Leben. Langeweile ist das Gegenteil von Freude, aber der moderne Mensch weiß kaum, was Freude ist. Er weiß, was Vergnügen, was Spaß, was Spannung ist; aber Freude, diese tiefe, glühende Erfahrung, die keiner Anregung von außen bedarf und keiner Apparate, die ernst und leicht zugleich ist, diese Freude ist eine seltene Erfahrung.

DER GEISTIGE ZUSTAND AMERIKAS, GA XI, 392f

Wem es langweilig wird, der hat bestimmte Möglichkeiten, dieser Langeweile zu entkommen. Wir gehen dann auf Partys oder spielen Karten, trinken etwas, arbeiten, fahren in der Gegend herum oder tun eines der unzähligen Dinge, die uns die

Langeweile erträglicher machen können. Eine der besten Möglichkeiten, der Langeweile zu entkommen, ist die Routine. Wer einen Stundenplan hat, der morgens um sieben mit dem Radio beginnt und nachts um 12 Uhr endet, so dass keine Minute übrig bleibt, die es zu töten gilt, der hat schlichtweg keine Zeit, sich zu langweilen. Eine solche Routine ist dann alles, was es braucht. Langeweile kommt nur dann auf und wird unerträglich, wenn man Zeit hat. Wer sich den Tag so gestaltet, dass keine Zeit mehr übrig bleibt, den überkommt keine Langeweile. Gäbe es diese Möglichkeit, der Langeweile zu entkommen nicht, dann müssten wir innerhalb kürzester Zeit für Millionen von Menschen psychiatrische Kliniken bauen.

PATHOLOGIE DER NORMALITÄT, GA XI, 250

Die zerstörerischen Tendenzen nehmen meines Erachtens heute deshalb so zu, weil die Langeweile wächst, weil die Sinnlosigkeit des Lebens wächst, weil die Menschen ängstlicher werden, weil sie keinen Glauben an die Zukunft und keine Hoffnung haben. Die Nekrophilie wächst nicht zuletzt auch deshalb, weil die Menschen sich betrogen fühlen von allen Versprechungen, von allen Ideologien, von allen Parteien, von allen Religionen. In dieser Situation des Sich-betrogen-Fühlens sehen viele Menschen nur noch eine Möglichkeit: das Leben selbst zu zerstören, um sich damit an den Betrügern und an sich selbst zu rächen.

INTERVIEW REIF 1975

Wo kein Leben ist, im inneren Sinn von Lebendigsein, muss das Leben auch im biologischen Sinn erlöschen. Es kann sich selbst auslöschen in einem Anfall von fantastischer Destruktivität, die sozusagen eine Perversion des Lebens ist. Denn Leben zerstören ist immer noch ein Ausdruck von Gewalt-über-Leben-Haben.

INTERVIEW JAENECKE 1980

Es gibt einen Grad von Langeweile und Interesselosigkeit, bei dem die Langeweile so groß ist, so unerträglich werden kann, dass sogar der fantastische Selbstmord einer ganzen Zivilisation durch einen Atomkrieg keine Überraschung wäre.

INTERVIEW JAENECKE 1980

Solange noch in Fragen des Lebens eine kleine Chance besteht, sagen wir von ein oder zwei Prozent – so lange darf man nicht aufgeben und muss alles versuchen, die Katastrophe zu vermeiden. Denn wenn man mit dem Leben handelt, ist es anders, als wenn man mit dem Geld handelt. Wenn man Geld investieren will, und nur zwei Prozent Chance hat, dass es einem nicht verloren geht, dann wird nur ein Narr es investieren. Wenn ein Mensch schwer krank ist und nur zwei Prozent Chance besteht, dass sein Leben gerettet werden kann, wird die Medizin alle Mittel versuchen, um wegen dieser zwei Prozent sein Leben zu retten, obwohl die Chance so gering ist.

Es geht bei den gesellschaftlichen Fragen schließlich um das Leben der Menschheit. Solange man den Glauben haben kann, dass doch noch fast ein Wunder geschehen kann, solange man nicht beweisen kann, dass es nicht möglich ist – und das kann man, wo es sich um lebende Prozesse handelt, eigentlich nie oder sehr selten – , so lange muss man jeden Versuch machen.

INTERVIEW LODEMANN 1977

3

Die Wahrheit befreit

Die Lüge bewegt nichts

Die Wahrheit
hat eine besondere Eigenschaft.
Da sie die Wirklichkeit ausdrückt,
erreicht sie den Menschen …
Die Lüge berührt nicht die Wirklichkeit.
Die Lüge bewegt nichts.
Man kann tausend Lügen daherbringen;
es tut sich nichts, weil man etwas Fiktives,
etwas Unwirkliches berührte …

Selbsterkenntnis

Seit Freud heißt Selbsterkenntnis, uns selbst zu kennen, insofern wir uns unserer selbst gewahr werden und insofern wir uns unserer selbst nicht gewahr sind. Selbsterkenntnis heißt heute, gleichsam Licht in den größten Teil unseres psychischen Lebens bringen, in jenen nämlich, der abgetrennt von unserem normalen bewussten Denken arbeitet und der nachts zum Vorschein kommt und auf die Bühne tritt, wenn wir schlafen, bzw. in der Psychose, wenn wir halluzinieren.

KUNST DES ZUHÖRENS, GA XII, 350

In der Regel beschränkt sich unser Bewusstsein auf das, was die Gesellschaft, der wir angehören, uns wahrzunehmen erlaubt. Menschliche Erfahrungen, die in dieses Bild nicht hineinpassen, werden verdrängt. Daher repräsentiert unser Bewusstsein hauptsächlich unsere eigene Gesellschaft und Kultur, während unser Unbewusstes den universalen Menschen in einem jedem von uns repräsentiert.

SEELE DES MENSCHEN, GA II, 223

Ich glaube tatsächlich, dass wir alles in uns haben. Dies meine ich nicht nur in dem Sinne, dass wir alle Menschen sind und dass es nichts Menschliches gibt, das uns fremd wäre, weil es nichts Menschliches gibt, das es nicht in uns gäbe: das Kind, der Kriminelle, der Verrückte, der Heilige, der Durchschnittsmensch. Ich glaube nicht nur, dass dies alles in uns ist, sondern dass wir uns all dessen auch gewahr sind und es spüren, auch wenn wir uns dessen nicht bewusst sind.

DAS UNBEWUSSTE, GA XII, 204

Es gibt einen sehr interessanten talmudischen Mythos, der besagt, dass das Kind, bevor es geboren wird, alles weiß. Mit diesem Wissen aber geboren zu werden wäre derart schmerzvoll, dass ein Engel kommt und aus Erbarmen das Kind berührt und damit sein ganzes Wissen hinwegnimmt. Dieser Mythos drückt auf symbolische Weise sehr treffend aus, worum es mir geht: Unbewusst wissen wir alles, und doch wissen wir es nicht, weil dieses Wissen zu schmerzvoll wäre.

DAS UNBEWUSSTE, GA XII, 204

G*ewöhnlich versteht man unter „Verdrängung“* das, was bewusst war und dann verdrängt wurde. Nach meinem Verständnis bezieht sich das, was nicht bewusst ist, in gleicher Weise auf das, was einmal bewusst war, und auf das, was uns noch nie bewusst war. Die Vorstellung von Verdrängtem, dessen man sich noch nie bewusst war, setzt voraus, dass in Wirklichkeit alles in uns ist. Um es anders auszudrücken: Wir wissen alles, doch wir wissen nicht, was wir wissen.

Wenn ich annehme, dass ich jemanden noch nie so wahrgenommen habe, wie ich ihn jetzt sehe, dann bedeutet dies bei meiner Betrachtungsweise, dass ich ihn in Wirklichkeit bereits zuvor kannte; allerdings war ich mir dieser Kenntnis nicht bewusst. Hätte ich ihn wirklich nicht gekannt oder wäre ich in Wirklichkeit blind gewesen, dann könnte ich nur von einer neuen Einsicht und nicht von einer verborgenen, unterdrückten, unbewussten Einsicht sprechen, die ans Tageslicht kam.

DAS UNBEWUSSTE, GA XII, 204

M*ir geht es nicht um die Frage*, um die es in den meisten Psychotherapien hauptsächlich geht: „Warum bin ich so geworden, wie ich bin?" Mir geht es darum, dass man sich nach Art einer psychologischen Röntgenaufnahme fragt: „Wer bin ich?" Solange jemand nur fragt, warum er so geworden ist, wie er ist, weiß er noch nicht, wer er ist.

Es geht um die Erkenntnis der Kräfte, die mich jetzt in diesem Augenblick antreiben oder mich bzw. jemand anderen motivieren. Ich benutze den Vergleich mit der Röntgenaufnahme, weil es darum geht, etwas zu sehen, was sich bei normaler Betrachtungsweise nicht sehen lässt. Bei einer Röntgenaufnahme der Brust zum Beispiel kann man auch die Tuberkulose sehen, die jemand vor 20 Jahren gehabt haben kann. Dies lässt sich an den Narben im Gewebe erkennen. Es ist aber uninteressant, was in den Lungen des Menschen vor 20 Jahren vor sich ging; es interessiert vielmehr, was jetzt mit der Lunge dieses Menschen ist und ob sich aktuell eine Änderung beobachten lässt, die man über das Röntgenbild feststellen kann. Wer deshalb etwas verstehen will, für den gilt immer, sich an erster Stelle zu fragen, was jetzt unbewusst vor sich geht, was sich vermuten lässt, was sich an unbewussten Motivationen, die ihn jetzt bestimmen, erspüren lässt.

KUNST DES ZUHÖRENS, GA XII, 273, 271

Sich des ganzen Ausmaßes des Leidens gewahr zu sein ist noch lange nicht der schlechteste Leidenszustand. Er ist weitaus besser als jener Zustand, der einem schattenhaften Land vergleichbar ist, in dem man weder leidet noch glücklich sein kann. Zu leiden ist wenigstens ein ganz reales Gefühl, das zum Leben dazugehört. Wer sich seines Leidens nicht bewusst ist und nur fernsieht oder mit sonst etwas sich die Zeit vertreibt, der ist weder hier noch dort.

KUNST DES ZUHÖRENS, GA XII, 253

Unteilbare Wahrheit

Die Wahrheit muss nicht nur bedeutsam und ganz sein, sie muss auch radikal sein, nicht geschönt, gesüßt, mit Zuckerguss überzogen. Viele glauben, dass das Verstehen erleichtert werde, wenn man die Wahrheit in dosierten Portionen mitteilt. Sie verhalten sich wie Eltern, die vom Storch und von den Blüten und den Bienen reden, den anderen Teil der Geschichte aber dann später erzählen wollen. Die Erfahrung zeigt, dass die Wahrheit, das heißt die Konfrontation mit der Wirklichkeit, dort eine besondere Wirkung hat, wo man sie vollständig, klar und ohne Kompromisse sieht. Es ist sehr schwer, dieser Wirklichkeit zu entkommen.

DER POLITISCHE RADIKALISMUS, GA XI, 404

Die Wahrheit hat eine besondere Eigenschaft. Da sie die Wirklichkeit ausdrückt, erreicht sie den Menschen, was die Halbwahrheiten nicht tun. Bin ich auf einen anderen Menschen in echter Weise bezogen, also wirklich bei ihm und in ihm, und sage ich ihm, was in diesem anderen eine Wirklichkeit ist, dann ist es für den anderen sehr schwer, weiterhin an seinem Widerstand festzuhalten, es sei denn, er ist sehr schwer krank. Ansonsten aber gilt: Wenn ich auf der Basis dieses ganzheitlichen Kontaktes ihm sage, was ich sehe, dann wird er sich nicht mehr mit einer Fülle von Rationalisierungen davonwinden. Sage ich ihm aber nur die halbe Wahrheit, weil ich davon überzeugt bin, dass er die ganze Wahrheit noch nicht ertragen kann, dann erreiche ich ihn nicht. Es ist dann wie bei einem Telefon, das nicht klingelt, weil zwar die ersten fünf Nummern richtig, die sechste aber falsch gewählt war.

Das Unbewusste, GA XII, 235

Die Lüge berührt nicht die Wirklichkeit. Die Lüge bewegt nichts. Man kann tausend Lügen daherbringen; es tut sich nichts, weil man etwas Fiktives, etwas Unwirkliches berührte. Sobald man aber die Wirklichkeit anrührt, das heißt, sobald man die Wahrheit sagt, versucht etwas im Menschen zu antworten, weil das, was man sagt, auf etwas trifft, das dieser Mensch weiß und doch nicht weiß.

Natürlich ist dieser Vorgang nicht so einfach, dass ein Mensch zwangsläufig reagiert. Es kann eine derart große Abwehr gegen das eigene Reagieren geben, also das, was wir Widerstand nen-

nen, dass er nicht antworten wird. Und doch ist es unsere Hoffnung, ist es die Hoffnung für die Menschheit überhaupt, dass die Wahrheit uns frei macht, wie das Neue Testament (Joh 8,32) sagt.

DAS UNBEWUSSTE, GA XII, 204

Der Glaube an das Leben, an sich selbst, an andere muss sich auf den harten Felsen der Realität gründen, das heißt auf die Fähigkeit, Schlechtes dort zu sehen, wo es ist, Betrug, Destruktivität und Selbstsucht nicht nur dann zu erkennen, wenn es ganz offensichtlich ist, sondern auch dann, wenn diese verkleidet und rationalisiert sind.

VOM HABEN ZUM SEIN, GA XII, 408

4

Scheidewege

Geboren werden
zu etwas Neuem

Geboren zu werden,
ist ein andauernder Prozess …
Jeder Vorgang des Geborenwerdens,
jeder Schritt zu etwas Neuem,
ist mit Ungewissheit und Angst verbunden
und erfordert Glauben.

BEDÜRFNISSE UND GESELLSCHAFT, GA XII, 132

Umkehr

Ein wachsendes Gewahrwerden unserer selbst kann nur dann voll wirksam werden, wenn wir auch den nächsten Schritt tun und unsere Lebenspraxis ändern, die wir auf die neurotische Struktur aufgebaut haben und die diese ständig reproduziert.

WEGE AUS EINER KRANKEN GESELLSCHAFT, GA IV, 192

Ich vergleiche die behinderten psychischen Wachstumsmöglichkeiten mit einem Baum in einem Garten. Er wächst zwischen zwei Mauern in einer Ecke und bekommt nur wenig Sonne. Er ist völlig krumm gewachsen, aber er wuchs so unansehnlich, weil es für ihn die einzige Möglichkeit war, Sonnenlicht zu erreichen ...

Jeder Mensch versucht, Sonne zu bekommen, um im Leben wachsen zu können. Sind aber die Lebensumstände so, dass er dies nicht auf eine eher positive Weise tun kann, dann wird er es auf eine verbogene Weise tun, wobei „verbogen" hier den kranken Weg symbolisiert. Er ist entstellt, und doch ist er immer ein menschliches Wesen, das alles tut, um eine Lösung für sein Leben zu finden. Dies sollte man nie vergessen.

KUNST DES ZUHÖRENS, GA XII, 279f

Der Mensch ist eine Einheit, sein Denken, sein Fühlen und seine Lebenspraxis sind untrennbar miteinander verbunden. Er kann in seinem Denken nicht frei sein, wenn er nicht auch emotional frei ist; und er kann emotional nicht frei sein, wenn er in seiner Lebenspraxis, in seinen ökonomischen und sozialen Beziehungen abhängig und unfrei ist.

Wenn man versucht, in einem Bereich unter Ausschluss der anderen radikal voranzukommen, so muss das notwendigerweise zu dem Resultat führen, zu dem es geführt hat, dass nämlich die radikalen Forderungen auf dem einen Gebiet nur von wenigen Menschen erfüllt werden, während sie für die Mehrheit zu leeren Formeln und Ritualen werden, die zur Tarnung der Tatsache dienen, dass sich in den anderen Bereichen nichts geändert hat.

WEGE AUS EINER KRANKEN GESELLSCHAFT, GA IV, 190f

Ohne Anstrengung und ohne Bereitschaft, Schmerz und Angst zu durchleben, kann niemand wachsen.

VOM HABEN ZUM SEIN, GA XII, 438

Widerstände

Wir sehen viele Menschen – vom jugendlichen Kriminellen bis zum hartgesottenen, aber erfolgreichen Erwachsenen –, die es an einem bestimmten Punkt ihres Lebens, vielleicht mit fünf, vielleicht mit zwölf oder vielleicht auch mit zwanzig Jahren, einfach nicht mehr aushalten können, noch weiter verletzt zu werden. Manche unter ihnen beschließen wie unter dem Eindruck einer plötzlichen Vision oder bei einer Bekehrung, dass es ihnen jetzt reicht, dass sie überhaupt nichts empfinden wollen, dass sie fortan niemand mehr wird verletzen können, aber dass sie von nun an imstande sein werden, anderen weh zu tun. Möglicherweise beklagen sie sich über ihr Missgeschick, keinen Freund zu finden oder niemand zu haben, der sie liebt; aber das ist nicht ihr Missgeschick, es ist ihr Schicksal. Nachdem sie ihr Mitgefühl und ihr Einfühlungsvermögen verloren haben, kommen sie mit niemandem mehr in enge Berührung, und auch sie selbst können nicht mehr innerlich berührt werden. Ihr Triumph im Leben ist, niemanden nötig zu haben. Sie sind stolz auf ihre Unberührbarkeit, und es macht ihnen Spaß, anderen weh tun zu können.

REVOLUTION DER HOFFNUNG, GA IV, 276

Ich bin davon überzeugt, dass wir mit uns selber beginnen müssen. Wer über Politik und Veränderung der Gesellschaft spricht und sich nicht zuerst selbst fragt, welche Einstellung er hat und was er bei sich ändern kann, der führt nur ein zweckloses Geschwätz, das zudem noch gefährlich ist, weil das, was man anstrebt und zu schaffen versucht, ohne Beziehung zu einer inneren Wahrnehmung steht.

PATHOLOGIE DER NORMALITÄT, GA XI, 265

Man kann andere Menschen für etwas gewinnen, indem man ihre Entrüstung, ihren Ehrgeiz oder sogar ihren Hass anspricht. Man kann aber mit diesen Gefühlen Menschen nie dazu bringen, konstruktive und wahrhaft revolutionäre Handlungen mitzutragen.

Menschen können zu verändernden Handlungen nur motiviert werden, wenn sie Hoffnung haben. Und sie können nur Hoffnung haben, wenn es eine Vision gibt; und sie können nur dann eine Vision haben, wenn man ihnen Alternativen zeigt. Solche Alternativen aber gibt es nur auf Grund enormer Anstrengung von Denken und Vorstellungsvermögen und nicht, wenn sich alle Energien auf Protest und Entrüstung konzentrieren.

DER POLITISCHE RADIKALISMUS, GA XI, 402

Die Gewalt als solche schafft nie Neues. Das Neue muss schon da sein. Vor allem müssen die Gesellschaftsformen, die der Liebe im Wege stehen, durch solche ersetzt werden, die sie fördern. Es bleibt die Hoffnung, dass die Menschen ihr eigenes Leiden erkennen, das durch den Mangel an Liebe hervorgerufen wird. Aus diesem Leiden werden neue und starke Impulse zur Liebe erwachsen und damit auch zum Leben.

INTERVIEW JAENECKE 1980

Ich glaube, wir wissen alle viel mehr, als wir uns bewusst sind. Wir verwenden einen großen Teil unserer Energie auf das Verdrängen der Wahrheit und rennen vor uns selbst davon, rennen vor unseren Einsichten davon und ersetzen sie durch alle möglichen Rationalisierungen.

INTERVIEW LODEMANN 1977

Geboren werden

Geboren zu werden ist ein andauernder Prozess, bei dem wir die Bindungen an die Vergangenheit, an die Mutter abschneiden und sich eine neue Situation ergibt, mit der wir nur durch unser eigenes Tätigsein fertig werden. Darum ist das Atmen so wichtig, nicht nur körperlich gesehen, sondern im psychologischen und symbolischen Sinne. Wie der Vorgang der Trennung von der Mutter beim Geborenwerden nur auf Grund des ersten eigenen Tätigseins durch das Atmen ermöglicht wird, so gilt für jede Trennung und jeden Akt des Geborenwerdens, dass er psychologisch nur dann möglich wird, wenn wir ein neues Tätigsein zu unser eigenem machen.

Jeder Vorgang des Geborenwerdens, jeder Schritt zu etwas Neuem, ist mit Ungewissheit und Angst verbunden und erfordert Glauben. Gewiss ist nur das Vergangene, ja das einzig wirklich Gewisse ist das Tote. Jedes Geborenwerden, jeder Fortschritt, jede Evolution, jedes Auftauchen ist mit Ungewissheit verknüpft, und gleichzeitig ist mit der Natur des Menschen der Wunsch gegeben, aus der Vergangenheit aufzutauchen, weil sie ab einem bestimmten Zeitpunkt zur Fessel wird.

BEDÜRFNISSE UND GESELLSCHAFT, GA XII, 132

Das Leben eines jeden Menschen stellt ein Drama dar, in dem der Einzelne erfolgreich oder erfolglos seine besondere Antwort auf das Problem des Lebens gibt. Es kommt darauf an, die Gesamtantwort zu verstehen, die ein Mensch gibt. Diese Gesamtantwort kann die Antwort einer völligen Regression in den Bauch der Mutter zurück sein; sie kann heißen, dass jemand an der Brust seiner Mutter bleiben möchte; sie kann heißen, dass jemand an die Maßgaben des Vaters gebunden bleiben will; oder sie kann die volle Entwicklung der eigenen Kräfte heißen. Darüber hinaus gibt es noch eine Anzahl von Variationen, doch es ist immer eine ganzheitlich strukturierte Antwort.

DAS UNBEWUSSTE, GA XII, 226

D*er Zen-Buddhist Daisetz T. Suzuki* gebrauchte für das Wachstum des Menschen einmal folgenden Vergleich:

Man stelle sich einen Raum vor, der völlig dunkel ist. Wenn man in diesen Raum eine Kerze bringt, ändert sich die Situation grundlegend; denn bevor die Kerze kam, war es absolut dunkel; mit der Kerze ist es hell. Dann werden zehn Kerzen, hundert, tausend, hunderttausend Kerzen in den Raum gebracht, der immer heller dabei erleuchtet wird. [...] das entscheidende Ereignis aber geschah, als die Dunkelheit durch die erste Kerze durchbrochen wurde.

Ich persönlich denke, dass die menschliche

Entwicklung nach Art eines wachsenden Lichtes vor sich geht. Wichtig freilich ist, die erste Kerze in das eigene Leben zu bringen.

Das Unbewusste, GA XII, 216

Trauerarbeit

Der Mensch ist abhängig; er bleibt dem Tod, dem Alter, der Krankheit unterworfen, und selbst wenn er die Natur beherrschen und sie sich ganz und gar dienstbar machen könnte, sind er und seine Erde doch winzige Pünktchen im Universum. Aber es ist *eine* Sache, die eigene Abhängigkeit und seine Grenzen anzuerkennen, und es ist etwas völlig anderes, sich dieser Abhängigkeit hinzugeben und jene Mächte anzubeten, von denen man abhängt. Realistisch und nüchtern einsehen, wie begrenzt unsere Macht ist, bedeutet ein wesentliches Kennzeichen von Weisheit und Reife. Dieses Schicksal anzubeten, ist masochistisch und selbstzerstörerisch. Das eine bedeutet Demut, das andere Selbstdemütigung.

PSYCHOANALYSE UND RELIGION, GA VI, 257

Da wir lebendige Wesen sind, müssen wir uns voll Trauer darüber klar sein, dass zwischen dem, was wir erreichen möchten, und dem, was wir in unserem kurzen, mühsamen Leben erreichen können, eine tiefe Kluft besteht. Da der Tod uns vor die unvermeidliche Tatsache stellt, dass entweder wir vor denen, die wir lieben, sterben werden oder sie vor uns – da wir täglich um uns herum unvermeidliches wie auch vermeidbares und überflüssiges Leiden mit ansehen müssen, wie können wir es da vermeiden, Kummer und Traurigkeit darüber zu empfinden? Das ist nur möglich, wenn wir unsere Sensitivität, unsere Offenheit und unsere Liebe reduzieren, wenn wir unser Herz verhärten und unsere Anteilnahme und unser Gefühl den anderen wie auch uns selbst entziehen

WEGE AUS EINER KRANKEN GESELLSCHAFT, GA IV, 142

Die echte Trauer ist selbst im Seinsmodus ein ungeheuer bereichernder Affekt, ja eines der wichtigsten Erlebnisse. Die meisten Menschen können ebenso wenig trauern, wie sie lieben können. Hat jemand einen schweren Verlust erlitten, etwa weil ein ihm nahe stehender Mensch gestorben ist, und reagiert er auf dieses Ereignis deprimiert, dann weicht er der Trauer aus. Er wird deprimiert, weil er unfähig ist zu trauern.

Man kann bei sich selbst und bei anderen feststellen, inwieweit Trauer Depression und inwieweit sie echte Trauer ist. Depressive Menschen können nie traurig sein; sie empfinden in sich ein Gefühl der Schwäche und Ohnmacht. Echte Trauer hingegen bedeutet gerade nicht Ohnmacht. Trauer und Liebe erfordern beide ein Erlebnis der inneren Kraft, der inneren Lebendigkeit, sonst bleibt man letzten Endes stumm oder stumpf.

INTERVIEW REIF 1977

Die wichtigste Aufgabe des heutigen Menschen ist, mutig zu sein und zu sehen, welchen Gefahren er sich gegenübersieht und wie gefährlich der Weg ist, den er geht. Der Mensch von heute muss Mut zu sich selbst haben. Er muss den Mut haben zu sagen, dass es für den Menschen nichts Wichtigeres gibt als den Menschen und dass es für seine Handlungen kein wichtigeres Ziel gibt als sein Überleben.

Dabei geht es nicht nur um sein Überleben im biologischen Sinn, sondern im seelischen Sinn, wobei beide Aspekte nicht voneinander zu trennen sind. Wenn der Mensch keine Hoffnung mehr hat, dann hat er auch keine Lebenschance mehr.

INTERVIEW FERRARI 1980

5

Antriebskräfte

Liebe zum Leben

Es lässt sich zeigen, dass das Glück für
den Menschen in der Liebe zum Leben liegt,
also in etwas sehr Aktivem,
in der Freude an einer Pflanze,
in der Freude an einer Landschaft,
in der Freude an Musik,
in allem, in dem der Mensch
seine ihm eingegebenen Fähigkeiten (…)
benutzen kann, etwas zu schaffen.

INTERVIEW LODEMANN 1980

Liebendes Bezogensein

Aus welchen Energiequellen leben wir? Man kann sagen, dass eine Energiequelle rein physischer Natur ist. Sie wurzelt in der Chemie unseres Körpers. Von dieser Energiequelle wissen wir, dass sie etwa ab dem 25. Lebensjahr langsam wieder abnimmt. Aber es gibt noch eine andere Energie. Diese entspringt unserem Bezogensein auf die Welt, unserem Interessiertsein. Man kann sie manchmal wahrnehmen, etwa wenn man mit jemandem, den man liebt, zusammen ist, oder wenn man etwas ganz Interessantes, Aufregendes liest. Man wird dann nicht müde. Man spürt eine Energie aufkommen, die nicht erwartet wurde. Man spürt ein tiefes Gefühl von Freude.

Bei achtzigjährigen Menschen, die ein Leben intensiver Bezogenheit, Liebe, Betroffenheit, Interessiertheit gelebt haben, kann man die tatsächlich überraschende und überwältigende Beobachtung machen, dass diese Menschen ganz frisch und voller Energie sind, ohne dass diese Frische und Energie etwas mit ihrer Körperchemie und den Quellen etwas zu tun hätte, die ihnen ihr Körper zur Verfügung stellt.

Freude, Energie, Glück – sie alle hängen vom Grad unserer Bezogenheit und Interessiertheit ab, das heißt, sie hängen in erster Linie davon ab, inwieweit wir mit der Realität unserer Gefühle und mit der Realität anderer Menschen in Berührung sind und diese nicht als Abstraktionen wie Waren auf dem Markt wahrnehmen.

Zweitens erleben wir in diesem Prozess des Bezogenseins uns selbst als eigenständige Größe, als ein Ich, das auf die Welt bezogen ist. Ich werde eins mit der Welt in meinem Bezogensein auf sie, und zugleich nehme ich mich als ein Selbst, als eine Individualität, als etwas Einzigartiges wahr, weil ich bei diesem Prozess des Bezogenseins gleichzeitig das Subjekt dieses Tätigseins, dieses Prozesses, dieses Mich-Beziehens bin. Ich bin ich, und ich bin der andere Mensch. Ich werde mit dem Objekt meines Interesses eins, doch nehme ich mich bei diesem Prozess selbst auch als Subjekt wahr.

PATHOLOGIE DER NORMALITÄT, GA XI, 248f

Der Natur des Menschen und seiner existentiellen Situation entspricht das Ziel des Lebens: fähig zu sein zu lieben, fähig zu sein, seine eigene Vernunft zu gebrauchen, und fähig zu sein, jene Objektivität und Bescheidenheit zu haben, mit der der Mensch die Wirklichkeit außerhalb von ihm und in ihm selbst in einer nicht-entfremdeten Weise erlebt. In dieser Art von Bezogenheit zur Welt finden wir die größte Energiequelle, abgesehen von jener auf Grund von chemischen Prozessen im Körper erzeugten Energie. Nichts fördert das Kreative mehr als die Liebe, vorausgesetzt, sie ist echt.

PATHOLOGIE DER NORMALITÄT, GA XI, 225

Der seelisch gesunde Mensch ist ein Mensch, der aus seiner Liebe, seiner Vernunft und seinem Glauben heraus lebt, der sein eigenes Leben und das seiner Mitmenschen achtet.

WEGE AUS EINER KRANKEN GESELLSCHAFT, GA IV, 144

Es gibt nur eine Leidenschaft, die das Bedürfnis des Menschen befriedigt, mit der Welt eins zu werden und gleichzeitig ein Gefühl der Integrität und Individualität zu erlangen: die Liebe.

WEGE AUS EINER KRANKEN GESELLSCHAFT, GA IV, 26

Alles gibt es in mir. Ich bin ein kleines Kind, ich bin ein Erwachsener, ich bin ein Mörder, und ich bin ein Heiliger. Ich bin narzisstisch, und ich bin destruktiv. Es gibt nichts im anderen, was es nicht auch in mir gibt. Und nur in dem Maße, als ich jene Erfahrungen, von denen mir der andere indirekt oder ausdrücklich berichtet, in mir wiederfinden kann, so dass sie in mir entstehen und sich in mir widerspiegeln können, kann ich verstehen, wovon der andere spricht. Dann kommt es auch zu der eigenartigen Erfahrung: Der andere wird nicht das Gefühl haben, dass ich über ihn rede oder dass ich zu ihm herab spreche; vielmehr wird er spüren, dass ich von etwas spreche, das wir beide teilen ... Man kann einen anderen Menschen nur insoweit wirklich kennen, als man das Gleiche erfahren hat.

KUNST DES ZUHÖRENS, GA XII, 300

Wie können wir einen Menschen verstehen, der völlig anders als wir ist? Es gibt keine Erfahrung, die ein anderer Mensch macht, zu der wir nicht auch fähig sind.

Wenn ich zum Beispiel einen Kriminellen – jemanden, der gemordet und gestohlen hat – verstehen will, dann wird mir dies nur gelingen, wenn ich jener kriminellen Impulse in mir bewusst bin, mit denen ich morden und stehlen könnte. Es stimmt, dass ich kein Krimineller bin. Deshalb nehme ich an, dass diese Impulse in ihm sehr viel stärker, unkontrollierter usw. da sind als in mir, aber sie sind da.

Auch wenn ich einen heiligen und guten Menschen verstehen will, kann ich dies nur, wenn es diesen guten Menschen auch in mir gibt. Hat ein Mensch nichts Humanes mehr in sich und gibt es keine Impulse zur Güte, zum Freundlichen, zur Liebe, zum Gesunden mehr in ihm, dann würde ich auch sagen, dass er aufgehört hat, ein menschliches Wesen zu sein. Es gibt deshalb in einem anderen Menschen nichts, was es nicht auch in mir gibt.

Dies ist die einzige Grundlage für das Verstehen der Menschen untereinander, vor allem auch für das Verstehen eines Menschen, der ganz anders oder der sehr krank ist. Wenn wir selbst nicht ebenso schwer krank sind, dann kann unser eigenes Kranksein manchmal sogar bewirken, dass wir bestimmte Dinge besser verstehen.

Das Unbewusste, GA XII, 220

Vernunftbestimmte Leidenschaft

Wenn wir nicht von der Wirklichkeit, über die wir nachdenken, betroffen sind, und kein echtes Interesse an ihr haben, dann bleibt von unseren Denkvorgängen nur Intelligenz übrig. Unter Intelligenz aber verstehe ich die Fähigkeit, mit Begriffen umzugehen, ohne durch die Oberfläche zum Wesen der Dinge durchzustoßen. Intelligenz will Wirklichkeit lieber gebrauchen und verzwecken, als sie verstehen.

Die Fähigkeit zu verstehen, die Vernunft, ist der Gegenbegriff zu manipulativer Intelligenz. Vernunft setzt immer voraus, dass wir auf das, worüber wir nachdenken, bezogen sind. Sind wir nicht bezogen, bleibt uns nichts anderes übrig, als mit der Wirklichkeit manipulativ umzugehen. Wir können sie dann wiegen und zählen und berechnen und Faktoren vergleichen.

PATHOLOGIE DER NORMALITÄT, GA XI, 253

Wenn die menschliche Vernunft wirksam sein soll, darf sie nicht von irrationalen Leidenschaften beherrscht sein. Intelligenz bleibt Intelligenz, auch wenn sie für böse Zwecke eingesetzt wird. Vernunft dagegen, das Wissen um die Wirklichkeit, wie sie ist, und nicht, wie wir sie sehen möchten, damit sie für unsere Zwecke nützlicher ist – diese Vernunft wirkt nur in dem Maße, in dem irrationale Leidenschaften überwunden werden, das heißt in dem Maß, in dem der Mensch wahrhaft menschlich geworden ist und seine Handlungen nicht mehr von irrationalen Leidenschaften als Haupttriebkräften bestimmt werden.

WER IST DER MENSCH?, GA XI, 604

Sentimentalität ist Gefühl unter der Voraussetzung völliger Distanziertheit. Jeder Mensch fühlt, es sei denn, er wäre psychisch sehr schwer erkrankt. Wenn er aber distanziert, zurückgezogen, unbezogen ist, dann ergibt sich für die Gefühle eine sehr eigenartige Situation. Man fühlt zwar, aber man ist nicht wirklich und konkret auf etwas in der Realität bezogen. Eben dann ist man sentimental. Die Gefühle quellen über und treten irgendwo in Erscheinung. Wir gebrauchen dann Schlagworte wie „Ehre", „Patriotismus" oder bei den Linken zum Beispiel „Revolution" oder beliebige andere Worte, die abstrakte Begriffe sind und im Augenblick keine konkrete Bedeutung haben, aber als Reizworte wirken und einen in Tränen ausbrechen, schluchzen oder sonst wie reagieren lassen. Und doch ist es ein Vollzug, bei dem das Gefühl nicht wirklich auf etwas bezogen ist, das einen betrifft, sondern eine leere Sache.

DIE PATHOLOGIE DER NORMALITÄT, GA XI, 247

Wo Leidenschaftlichkeit von Vernunft getrennt ist, ist Argwohn gegenüber der Leidenschaft durchaus gerechtfertigt. Der gleiche Argwohn ist aber auch am Platz, wo die Vernunft von der Leidenschaft getrennt wird, denn eine solche Vernunft ist unmenschlich. Leidenschaftslose Vernunft ist das Produkt der „Gehirn-Maschine“, die eines Tages hinsichtlich ihrer rein intellektuellen Funktion vom Computer ersetzt werden kann. Leidenschaft ohne Wahrheit ist blind, und Wahrheit ohne Leidenschaft ist ohnmächtig. Leidenschaft, die mit der Wirklichkeit verzahnt ist, und Wahrheit, die mit jener Vernunft des Herzens verbunden ist, die Pascal die „Vernunftgründe des Herzens“ nennt, können wachgerufen werden, wenn die Wirklichkeit gezeigt wird.

DER POLITISCHE RADIKALISMUS, GA XI, 406f

G*lücklich wird der Mensch durch die Bestätigung* seiner eigenen Kräfte, wenn er sich selbst aktiv in der Welt erlebt. Auch wenn es etwas romantisch klingen mag, so glaube ich doch: Es lässt sich zeigen, dass das Glück für den Menschen in der Liebe zum Leben liegt, also in etwas sehr Aktivem, in der Freude an einer Pflanze, in der Freude an einer Landschaft, in der Freude an Musik, in allem, in dem der Mensch seine ihm eingegebenen Fähigkeiten, die teilweise natürlicher und teilweise kultureller Art sind, benutzen kann, etwas zu schaffen. Wenn er das nicht kann, dann ist meiner Beobachtung nach sein Glücksgefühl sozusagen ein Irrtum. Er redet sich ein, und es wird ihm eingeredet, dass er glücklich ist.

INTERVIEW LODEMANN 1980

M*anche Menschen behaupten zwar*, Prinzipien wie Gleichheit und Gerechtigkeit seien Ideologien, die sich im Laufe der Geschichte entwickelt hätten und nicht zur natürlichen Grundausstattung des Menschen gehörten. [...] Dass die Menschen im tiefsten Innern mit einem Gefühl für Gleichheit und Gerechtigkeit begabt sind, geht daraus hervor, dass sie empfindlich sind, wenn eine feindliche Gruppe die Prinzipien von Gleichheit und Gerechtigkeit verletzt.

WER IST DER MENSCH?, GA XI, 603

6

Leidenschaftliche Wege

Zwingende und befreiende Kräfte

Die Vernunft ist das Wichtigste,
was der Mensch als Mensch besitzt [...]
Vernunft entwickelt sich nur in der Freiheit,
und zwar nicht nur in der Freiheit
von äußeren Zwängen, sondern auch
in der von inneren Zwängen des Verhaftetseins
in all seinen Erscheinungsformen.

INTERVIEW REIF 1977

Ziel des Lebens

Das Leben selbst ist eine Kunst – in Wirklichkeit die wichtigste und zugleich schwierigste und vielfältigste Kunst, die der Mensch ausüben kann. Ihr Gegenstand ist nicht diese oder jene spezielle Verrichtung, sondern die „Verrichtung" des Lebens selbst, der Entwicklungsprozess auf das hin, was der Mensch potentiell ist.

Bei der Kunst des Lebens ist der Mensch sowohl Künstler als auch der Gegenstand seiner Kunst. Er ist der Bildhauer und der Stein, der Arzt und der Patient.

PSYCHOANALYSE UND ETHIK, GA II, 16

Das Ziel des Lebens besteht darin, intensiv zu leben, voll geboren zu werden und voll wach zu sein, von den Ideen eines infantilen Allmachtsgefühls loszukommen und zur Erkenntnis seiner wirklichen, wenngleich begrenzten Kraft zu gelangen; fähig zu werden, das Paradoxon zu akzeptieren, dass ein jeder von uns zugleich das Allerwichtigste auf der Welt und doch nicht wichtiger als eine Fliege oder ein Grashalm ist; fähig zu sein, das Leben zu lieben und trotzdem den Tod furchtlos zu akzeptieren; die Ungewissheit über die wichtigsten Fragen, mit denen das Leben uns konfrontiert, hinzunehmen – und trotzdem an unser Denken und Fühlen, soweit es wirklich ein Stück von uns selbst ist, zu glauben; allein sein zu können und gleichzeitig mit den geliebten Menschen, mit jedem Mitmenschen auf Erden, mit allem Lebendigen eins sein zu können; der Stimme des Gewissens zu folgen, jener Stimme, die uns zu uns selber ruft, und trotzdem nicht uns selbst zu hassen, wenn wir ihr nicht gefolgt sind.

WEGE AUS EINER KRANKEN GESELLSCHAFT, GA IV, 144

In Wirklichkeit gibt es eine zweifache Verbindung zwischen Denken und Handeln. Einerseits trifft es zu, dass man richtig denken muss, um richtig handeln zu können; ebenso trifft es zu, dass das eigene Denken über Handlungen nur dann gute Wirkungen zeitigt, wenn es von der Möglichkeit zum Handeln geleitet ist. Sieht sich das Denken außerstande, überhaupt etwas zu beeinflussen, dann wird es schwach und verworren.

DER GEISTIGE ZUSTAND AMERIKAS, GA XI, 391

Irrwege der Leidenschaft

Die Gier kann auf zweierlei Weise motiviert sein: (1) durch ein gestörtes physiologisches Gleichgewicht, welches ein gieriges Verlangen nach Essen, Trinken usw. hervorruft. Sobald das physiologische Bedürfnis befriedigt ist, hört die Gier auf, es sei denn, es handele sich um eine chronische Störung dieses Gleichgewichts; (2) durch eine Störung des psychologischen Gleichgewichts besonders aufgrund gesteigerter Angst, Einsamkeit, Unsicherheit, Identitätsmangel und dergleichen, eine Störung, die durch die Befriedigung bestimmter Begierden, etwa nach Essen, nach sexueller Befriedigung, nach Macht, Ruhm, Besitz usw. etwas beschwichtigt wird. Diese Art von Gier ist grundsätzlich nicht zu stillen, es sei denn die Angst usw. des Betreffenden hört auf oder wird stark gemildert.

Die erstgenannte Art von Gier ist eine Reaktion auf bestimmte Umstände; die letztgenannte hat ihren Ursprung in der Charakterstruktur.

REVOLUTION DER HOFFNUNG, GA IV, 317

Der Mensch muss eine bejahende, liebende Einstellung zu sich selbst haben. Der egozentrische, narzisstische Mensch liebt sich in Wirklichkeit nicht, weshalb er gierig ist. Ganz allgemein gilt, dass nur der Mensch gierig ist, der unbefriedigt ist. Die Gier ist immer das Ergebnis tiefer Enttäuschung. Ob es um die Gier nach Macht, nach Essen oder etwas anderem geht, die Gier ist immer das Ergebnis einer inneren Leere. Deshalb kann man zum Beispiel bei Menschen, die ängstlich oder depressiv sind, beobachten, dass sie aus einem Gefühl der Leere zwanghaft und wie besessen zu essen anfangen.

KUNST DES ZUHÖRENS, GA XII, 361f

Wir möchten unsere Kreatürlichkeit, unser Geschaffensein transzendieren und wir können dies auf zwei verschiedene Weisen tun: Zum einen können wir Leben erschaffen. Frauen können dies von Natur aus; da die Männer von Natur aus kein Leben erschaffen können, tun sie es mit Hilfe von Ideen oder auf alle möglichen anderen Weisen. Wir können also das Leben auf schöpferische Weise transzendieren.

Leben zu erschaffen ist aber aus verschiedenen Gründen schwierig. Deshalb versuchen wir andererseits das Leben auch dadurch zu transzendieren, dass wir zerstörerisch sind, wenn wir es nicht auf schöpferische Weise transzendieren können. Das Leben zu zerstören ist ebenso wie das Schaffen neuen Lebens eine Art, es zu transzendieren.

Die Destruktivität ist sozusagen eine zweite Möglichkeit des Menschen. Gelingt es uns nicht, auf kreative Weise mit dem Leben fertig zu werden und es zu transzendieren, dann versuchen wir es auf zerstörerische Weise zu transzendieren.

Bedürfnisse und Gesellschaft, GA XII, 133

Es gibt Menschen mit der Tendenz, in Krankheiten, Unfälle, demütigende Situationen zu verfallen, sich selbst klein und schwach zu machen. Sie glauben, gegen ihren Willen und ihre Absicht in solche Situationen zu geraten; doch das Studium ihrer unbewussten Motive zeigt, dass sie in Wirklichkeit einer der irrationalsten Tendenzen unterliegen: [...] dem unbewussten Wunsch, schwach und machtlos zu sein. Sie streben danach, das Zentrum ihres Lebens auf Mächte zu verschieben, über die sie keine Gewalt zu haben glauben, und weichen damit der Furcht und der persönlichen Verantwortung aus.

Psychoanalyse und Religion, GA VI, 257f

Im Ganzen besteht kein großer Unterschied zwischen der Wirkung einer „selbstlosen“ und der Wirkung einer selbstsüchtigen Mutter; tatsächlich ist die Selbstlosigkeit oft weit schlimmer, weil sie verhindert, dass die Kinder an ihrer Mutter Kritik üben. Sie stehen unter der Verpflichtung, sie nicht zu enttäuschen; unter einer tugendhaften Maske wird ihnen Abneigung gegen das Leben beigebracht.

Wer die Wirkung einer von echter Selbstliebe erfüllten Mutter beobachten kann, wird feststellen, dass es für ein Kind keine günstigeren Bedingungen gibt, um zu erfahren, was Liebe, Freude und Glück ist, als wenn es von einer Mutter geliebt wird, die sich selbst liebt.

PSYCHOANALYSE UND ETHIK, GA II, 86

Es lässt sich beobachten, dass es vor allem zwei Auffassungen von Liebe gibt. Entweder wird Liebe mit Sexualität identifiziert, und es geht darum (wie die vielen einschlägigen Bücher zeigen), sexuelle Techniken kennen zu lernen, mit denen sich die Liebe in der Ehe steigern lässt; oder Liebe wird zu einer ziemlich sexlosen, unerotischen Angelegenheit, bei der zwei Menschen gut miteinander auskommen; trifft es sich, dass es sich bei diesen Zweien um einen Mann und eine Frau handelt, dann heiratet man und nennt dies Liebe. Es ist höchstens eine nette Kameradschaft, doch fehlt ihr der zündende Spannungsbogen und jede Art von brennendem Verlangen, das in früheren Zeiten mit der Vorstellung von Liebe verbunden war.

PATHOLOGIE DER NORMALITÄT, GA XI, 155

Die meisten Menschen sehen das Problem der Liebe in erster Linie als das Problem, selbst geliebt zu werden, statt zu lieben und lieben zu können. Daher geht es für sie nur darum, wie man es erreicht, geliebt zu werden, wie man liebenswert wird.

KUNST DES LIEBENS, GA IX, 440

Heilswege der Leidenschaft

Die Vernunft ist das Wichtigste, was der Mensch als Mensch besitzt. Ich betone Vernunft und meine nicht den Verstand. Die Vernunft erkennt Hintergründe und Zusammenhänge, wie sie sind und warum sie so sind: Die manipulative Intelligenz, der Verstand, kümmert sich nur darum, wie man die Dinge besser für sich benutzen kann. Der manipulierende Verstand ist auch den Primaten, im Grunde genommen jedem Tier eigen.

Die Vernunft ist spezifisch menschlich und nur insofern wirksam, als der Mensch sich von irrationalen Leidenschaften und Begierden freigemacht hat. Wird der Mensch von Gier bestimmt, kann seine Vernunft nicht wirken. Sein manipulierender Verstand jedoch wird durch Gier angeregt und verstärkt. Der gierige Mensch ist schlau, der vernünftige Mensch ist klug; der abhängige Mensch verdummt, der freie Mensch wird weiser.

Letztlich geht der Unterschied zwischen Vernunft und manipulierendem Verstand auf ein moralisches Problem zurück. Je mehr der Mensch haben will, das heißt: Je mehr er sich von Objekten abhängig macht und an sich verhaftet wird, desto mehr wird er ein Gefangener der Objekte. Dummheit ist keine Folge mangelnder angeborener Intelligenz, sondern mangelnder Freiheit. Vernunft entwickelt sich nur in der Freiheit, und zwar nicht nur in der Freiheit von äußeren Zwängen, sondern auch in der von inneren Zwängen des Verhaftetseins in all seinen Erscheinungsformen.

Der Verstand macht uns nur zum schlauesten Tier. (Im biblischen Mythos wird dies durch die Schlange symbolisiert, die „schlauer“ war als alle anderen Tiere.) Der manipulierende Verstand kann nützlich sein, er kann zur Verbesserung des Lebens führen, aber er kann auch der Weg zur Hölle sein. Die erkennende Vernunft ist ein Kind der Freiheit.

INTERVIEW REIF 1977

Die Bejahung des eigenen Lebens, des Glückes, des Wachstums und der Freiheit wurzelt in meiner eigenen Liebesfähigkeit: in meiner Fürsorge, meiner Achtung, meinem Verantwortungsgefühl und meiner Erkenntnis. Ein Mensch, der produktiv lieben kann, liebt auch sich selbst. Kann er nur andere lieben, so kann er überhaupt nicht lieben.

PSYCHOANALYSE UND ETHIK, GA II, 85

Liebe ist eine Aktivität und kein passiver Affekt. Sie ist etwas, das man in sich selbst entwickelt, nicht etwas, dem man verfällt. Ganz allgemein kann man den aktiven Charakter der Liebe so beschreiben: Sie ist in erster Linie ein Geben, nicht ein Empfangen.

KUNST DES LIEBENS, GA IX, 453

Um die Liebe erleben zu können, muss man das Voneinandergetrenntsein erleben.

SEELE DES MENSCHEN, GA II, 219

7

Sinnerfüllte Wege

Religiös leben

Mit Religiös-Leben meine ich dasselbe,
was die Propheten und was Jesus
damit gemeint haben:
Gerechtigkeit tun, die Wahrheit sagen,
den Mitmenschen lieben.

INTERVIEW FERRARI 1980

Gelebte Religiosität

M*an muss zwischen Religion und Religiosität* unterscheiden. Religion ist eine Institution, ein bestimmter Glaube, bestimmte Vorstellungen, die kulturell und zeitlich bedingt sind. Religiosität dagegen ist eine Haltung, in der Werte wie Liebe, Gerechtigkeit, Brüderlichkeit das Leben des Menschen bestimmen.

INTERVIEW JAENECKE 1979

M*it Religiös-Leben meine ich dasselbe*, was die Propheten und was Jesus damit gemeint haben: Gerechtigkeit tun, die Wahrheit sagen, den Mitmenschen lieben. Das ist alles. Die Religion, das ist gewöhnlich etwas, was sich die Menschen als Institution hier auf die Seite stellen, um am Sonntag oder auch manchmal zu gewissen Zeiten des Tages auf sie zurückzukommen und dann religiös zu sein. Doch entweder man lebt religiös, oder man lebt nicht religiös. Man hat keine Religion, wie man einen Besitz hat, wie man einen Staat hat. Hierin unterscheidet sich das Religiöse eben vom Säkularen.

INTERVIEW FERRARI 1980

Der Mensch kann nicht ohne Glauben leben. Die entscheidende Frage unserer eigenen und der kommenden Generationen ist, ob dieser Glaube ein irrationaler Glaube an Führer, Maschinen oder Erfolg sein wird oder der auf dem Erlebnis unseres produktiven Tätigseins beruhende rationale Glaube an den Menschen.

PSYCHOANALYSE UND ETHIK, GA II, 132

Es gibt heute viele Menschen, die auf östliche Lehren geradezu hereinfallen. Oft, wenn auch nicht ausschließlich, geht es nur um die Kommerzialisierung der religiösen Bedürfnisse. Ich bin selbst am Buddhismus und Zen-Buddhismus und an Taoismus sehr ernsthaft interessiert und nicht nur interessiert.

Aber was heute vor sich geht, zeugt von keinem ernsthaften Interesse. Vielmehr werden mit den Methoden der modernen Geschäftswelt, mit den Methoden der Reklame, der Publizität, den Menschen religiöse Gefühle und Sehnsüchte verkauft, und es geht nur ums Verkaufen dabei. Die Menschen sind von echten religiösen Erfahrungen so weit entfernt, dass sie den Schein für die Realität nehmen und auf Dinge hereinfallen, die sie in Wirklichkeit gar nicht aktivieren und verändern.

INTERVIEW LODEMANN 1977

Der Mensch von heute hat eine verlogene Beziehung zur Religion: Er glaubt, ein Christ zu sein, ein Jude zu sein, oder was immer seine Religion ist; in Wirklichkeit aber ist er ein Heide, weil er Götzen anbetet: das Geld, den Profit, die eigene Größenvorstellung, die eigene Person, den Narzissmus. Das ist Götzenanbetung, aber die nennt er häufig Religion, weil sich das so eingebürgert hat und weil er dann vor sich und anderen als ein sehr feiner Mensch dasteht.

INTERVIEW FERRARI 1980

Solange die reale Welt, die gesellschaftliche Welt, so weit von der Verwirklichung der Prinzipien der Propheten oder der Evangelien entfernt ist, braucht man eine Religion als Extra-Institution, die sozusagen die Ideen wach hält, die aber in Wirklichkeit doch auch wiederum die Spaltung schafft zwischen dem realen sozialen Leben und der religiösen Ideologie und dem religiösen Gefühl.

INTERVIEW LODEMANN 1977

Es kommt auf die Verwirklichung der Religiosität im realen Leben an. Hierzu muss die Gesellschaft so aufgebaut sein, dass die Prinzipien der Gerechtigkeit, der Liebe, der Wahrheit, der menschlichen inneren Produktivität und Lebendigkeit – des Seins und nicht des Habens –, dass diese Prinzipien in der Gesellschaft selbst im täglichen Leben durchgesetzt werden. Dann allerdings braucht man keine Religion mehr als Extra-Institution. Die Religiosität, die Normen, die Erlebnisse, die Daseinsart hat sich dann nämlich in der Praxis der Gesellschaft durchgesetzt. Die Gesetze sind dann menschliche, humane; die Lebensweise ist eine menschliche, humane. Dann versucht man, das Prinzip des Seins – jenes Prinzip, das dem Buddhismus wie dem prophetischen Judentum wie der Bergpredigt gemeinsam ist – in der Gesellschaft, in ihren Gesetzen, im Brauchtum, in ihren Werten zu verwirklichen.

INTERVIEW LODEMANN 1977

Wenn ich mich aber ganz selbst erlebe, dann erkenne ich, dass ich auch nicht anders bin als jeder andere Mensch, dass ich das Kind, der Sünder, der Heilige, der Hoffende und der Verzweifelnde bin, der Mensch, der sich freuen, und der Mensch, der traurig sein kann. Ich entdecke, dass nur die

Denkmuster, die Sitten, die Oberfläche verschieden sind, dass aber die menschliche Substanz die gleiche ist. Ich entdecke, dass ich jedermann bin und dass ich mich selbst erfahre, wenn ich meinen Mitmenschen entdecke und umgekehrt. Bei diesem Erlebnis begreife ich, was Humanität bedeutet. Ich entdecke den Einen Menschen.

JENSEITS DER ILLUSIONEN, GA IX, 149

Befreites Leben

Der Mensch hat ein Bedürfnis nach Freiheit. Der Mensch kann zwar zu allem gebracht werden, auch dazu, dass er die Sklaverei liebt, doch immer nur unter der Bedingung: Er wird störrisch, aggressiv, dumm und ängstlich. Man kann den Menschen nicht versklaven und ihn gleichzeitig heiter, glücklich und unaggressiv machen wollen. Geht man über eine gewisse Schwelle der Unterdrückung hinaus, dann rächt sich der Mensch damit, dass er entweder rebelliert oder ganz destruktiv oder unbrauchbar wird oder dass seine Vitalität langsam abstirbt.

INTERVIEW REIF 1975

Wer das Leben liebt, fühlt sich vom Wachstumsprozess in allen Bereichen angezogen. Er will lieber neu schaffen, als bewahren. Er vermag zu staunen und erlebt lieber etwas Neues, als dass er in der Bestätigung des Altgewohnten Sicherheit sucht. Das Abenteuer zu leben ist ihm mehr wert als Sicherheit. Seine Einstellung zum Leben ist funktional und nicht mechanisch. Er sieht das Ganze und nicht nur seine Teile, er sieht Strukturen und nicht Summierungen. Er möchte formen und beeinflussen mit Liebe, Vernunft und Beispiel und nicht mit Gewalt, nicht indem er die Dinge auseinander nimmt und auf bürokratische Weise die Menschen verwaltet.

SEELE DES MENSCHEN, GA II, 186

E*s hat keinen Sinn, auf etwas zu hoffen*, was bereits existiert oder was nicht sein kann. Wer nur eine schwache Hoffnung hat, entscheidet sich für das Bequeme oder für die Gewalt. Wer eine starke Hoffnung hat, erkennt und liebt alle Zeichen neuen Lebens und ist jeden Augenblick bereit, dem, was bereit ist, geboren zu werden, ans Licht zu helfen.

REVOLUTION DER HOFFNUNG, GA IV, 267

* * *

Quellenverzeichnis

Die Zitatnachweise beziehen sich auf die *Erich-Fromm-Gesamtausgabe* (GA) in 12 Bänden, herausgegeben von Rainer Funk, Stuttgart (Deutsche Verlags-Anstalt) und München (Deutscher Taschenbuch Verlag) 1999, sowie auf Transkripte von Interviews, die im *Erich Fromm-Archiv* (Ursrainer Ring 24, D-72076 Tübingen) aufliegen. In der *Erich-Fromm-Gesamtausgabe* finden sich auch Hinweise zu den Übersetzern.

Der geistige Zustand Amerikas (1967), GA XI, S. 387-395.

Der politische Radikalismus in den Vereinigten Staaten und seine Kritik (1968), GA XI, S. 396-407.

Haben oder Sein (1976), GA II, S. 269-414.

Jenseits der Illusionen. Die Bedeutung von Marx und Freud (1962), GA IX, S. 37-155.

Die Kunst des Liebens (1956), GA IX, S. 437-518.

Die Pathologie der Normalität des heutigen Menschen (1953), GA XI, S. 211-266.

Psychoanalyse und Religion (1950),GA VI, S. 227-292.

Psychische Bedürfnisse und Gesellschaft (1956), GA XII, S. 131-137.

Die Revolution der Hoffnung. Für eine humanisierte Technik (1968), GA IV, S. 255-377.

Die Seele des Menschen. Ihre Fähigkeit zum Guten und zum Bösen (1964), GA II, S. 159-268.

Das Unbewusste und die psychoanalytische Praxis (1959), GA XII, S. 201-236.

Vom Haben zum Sein. Wege und Irrwege der Selbsterfahrung (1975), GA XII, S. 393-483.

Von der Kunst des Zuhörens. Therapeutische Aspekte der Psychoanalyse (1974), GA XII, S. 259-367.

Wege aus einer kranken Gesellschaft (1955), GA IV, S. 1-254.

Wer ist der Mensch? (1978), GA XI, S. 601-607.

Zum Verständnis von seelischer Gesundheit (1962), GA XII, S. 143-160.

In der gleichen Reihe
sind bisher folgende Bände erschienen:

Dalai Lama: Augenblicke der Güte
Freiburg i. Br. 2002

Rainer Maria Rilke: Augenblicke der Sehnsucht
Freiburg i. Br. 2002

Ulrich Schaffer: Augenblicke des Staunens
Freiburg i. Br. 2003

Erhältlich in allen Buchhandlungen